JN408780

삶의 그늘에서

삶의 그늘에서

황하영 시집

해암

| 시집을 펴내면서 |

본 시인은 등단 시
작가는 깊은 애정과 사명감으로 문인으로서
문학을 위해 이바지할 것은 물론,
평생 문필 생활을 전념하면서
건전 윤리 도덕을 승화하는데
이바지하고 문단 사회발전과
문학의 질적 고양에 앞장 설 것을
한 시대 한 시인, 작가로서
세상에 빛이 되어 이바지할 것을
맹세한 적이 있다.
문단의 사회발전과
문학의 질적 고양에는 미치지 못한 것 같아
송구스러울 따름이다.

나의 삶은 그다지 즐거운 삶 아니었지만
그리고 삶을 이야기한다는 것이
부족하다는 것을 생각하며
삶이란 우리 일부분의 이야기일 수도 있지만
삶의 시간이란 과거이며 미래이기도 하기에
미숙하나마 표현해 보았습니다.

출판에 도움을 주신 여러 선생님께 감사드립니다.

2019년 4월

시인 황 하 영

| 차례 |

1_ 기다림의 여정

2_ 강변의 추억

3_ 추억의 계절

4_ 사랑과 바람

5_ 꿈길

기다림의 여정

유수嚠需

청솔은 늘 푸르고
흰 눈은 눈물 되어 흐르네
내 마음에 그리는 이
물 저편에 있는데
물길 따라 올라가니
그 길은 험하고 멀기만 하네

나서면 돌아오지 못할 길
들판은 아득하고
갈 길은 멀기만 하는구나
그대 몸은 저 멀리 있건만
나의 마음속 깊은 곳에
나 그대 위에 물길 따라
그대 찾으리

봄 소식

꽃은 피었는데
벌, 나비는
찾아볼 수 없으니
꽃을 피워서 무엇 하나

밤은 되었어도
별님이 없으니
무엇 낙으로
하늘을 보나요

피어나도 벌 나비는 찾지 않고
밤이 되어도 외로우니

우리네 마음에는
산들 봄바람이 이러한데
그래도
새싹은 나무그늘 아래
뽀얀 뿌리가 움트니
새봄이 왔구나

그리움 찾아

그대 그리워
봄비 내리는
한적한 우리들만의 바다를 찾았네
우리 처음 만난 이곳에서
무엇인가를 찾아 헤매는
외로운 갈매기

살며시 왔다가 되돌아
가버리는 저 파도
소리 내며 울고 가는
조그만 조약돌

그대를 잊지 못해
옛 그리움의 이곳에서
무언의 소식처럼
왔다가 사라져 가는
저 파도처럼
짝을 잃은 갈매기처럼

난 그대 그리워
외로운 이 바닷가에서
먼바다만 쳐다 본다

기다림의 여정

나의 마음이 힘들고 지칠 때
당신이 내 옆에
다가올 때까지
나는 조용히 기다립니다

당신이 나를 일으켜 줄 때까지
당신이 나를 조용히
포옹해 줄 때까지
나는 당신을 기다립니다

초저녁 노을이 산 넘어
가시더라도
난 당신을 기다립니다

다시금 새벽의 여명이
떠오를망정
나는 당신을 기다립니다

당신이 나를 일으켜 주기에
나는 어떠한 역경 속에도
나는 오뚝이처럼 일어설 수가 있어요
그러는 당신을 기다립니다

기장 산성의 봄나들이

산허리에 핀 꽃들은
이슬 머금은 꽃과 같네
나무 사이의 빛들은
보이지 않는 곳까지
그 따스함을 스며들게 하고
꽃들은 피었다 시들어
스쳐 지나가는 살랑바람의
친구 되어 스쳐 지나고

집 떠난 새들은
그 숲에 기거하고
눈앞의 풍광은 아름다우나
오직 집을 향한 그리움뿐이네
밤이슬은 꽃향기 머금고
새벽의 연못 위에 반짝이네

꽃이 지니

만발의 벚꽃이 길가에
가로수처럼 피웠고
꽃잎은 비, 바람에
총총히 떨어지네
내리는 비바람을
그 누가 막을까

둥근 얼굴에 눈물 흐르고
그리움 사무치지만
언제 다시 만나려나
남쪽으로 흐르는 저 물결처럼
인생의 한은 길기만 하네

눈물이어라

이 조그만 냇물이 흘러
호수로 흘러가고
세월도 흘러가면
세월의 삶도 흘러가네

새벽의 이슬도 모여
산 아래 추억의
냇가를 만나 강으로
흘러가네

나의 눈물이 모여 바다로 가
배 떠난 님은 돌아올 줄 모르고
애타는 나의 마음은
눈물이 되어 먼바다로 밀려만 가네

눈물의 봄비

소리 없이 내리는 이 비는
눈물인가 봄비인가
그녀와 단둘이 조그만 등대를
거닐 때의 봄비는 사랑이었고

그녀와 거닐던
하얀 백사장의 봄비는
행복의 빗물이었네

내리는 이 비는
눈물 봄비가 되어
외로운 등대마저
눈물로 봄비를 맞이하는구나

때가 되면

닭 목을 비틀어도 새벽은 올 것이다
어제의 불새도 그날이 되면 날아들고
새로운 잡새도 너나 할 것 없이 날아드네
거짓과 뜬소문 속에
우리는 준비된 사람을 뽑았다

그러나 촛불과 눈물을 보았고
그리고 오늘 또한 그런 이를 보았다
이상한 계절이 만든
그날이 다가오고 있다
다시는 촛불과 눈물
보지 않아도 될 것인가

낙수

깊은 산속 진달래 한 송이
깊은 계곡 속에 떨어져
물결 따라 흐르고
외로운 진달래
그곳을 그리워하네

그리움을 알면서
흐르는 물길 따라
제 몸을 맡긴 체
돌아오지 못할 그 길을
뒤돌아 가보려 하지만

지나온 그 길이
너무도 멀어져
바람아 전해 다오
나의 애타는 마음을

바람 나그네

물수리는 강 기슭에서 울고
정사에 핀 연꽃을
그리워도 얻지 못해
늘어진 다리 앞바람 나그네
그리움은 한없이 밤하늘 별만 세다
이리 뒤축 저리 뒤축

신의 탈을 쓴 사람

신이 다스리는 나라는
근심이 사라지더라도
사람이 다스리는 나라는
근심이 많은 그곳에서 도사리다
신은 사람이 잉태하지만
근심 또한 숨은 곳에서 생겨난다

신은 있는데 사람은 없고
사람이 있는 곳에 신은 만들어 지고
사람은 신의 탈을 쓰고
신은 사람의 탈을 쓰고
무탈을 바라지만
사람은 신의 탈을 쓰고
온갖 잘못을 저지르며
신의 탈을 쓴 사람은
말이 많다

알 수 없는 길

가고져 하나 갈 수가 없네
진정한 봄이 찾아오니
새들은 노래하며 지저귀고
매화는 그 빛을 발하고
하늘은 푸르고 맑은데
갈 길은 아득하구나

눈은 암흑이어도
마음은 여전하네
어느덧 봄은 지고
청춘은 늙어가네
꽃잎 지고 사랑은 떠나니
서로 알 길 없네

어부

저 멀리 검은 바다
배들의 등불은
어둠 속으로 조금씩 사라져 가고
불어오는 갯바람에
솔잎은 나풀거리고
갯바위의 갈매기는
아침 안개 속으로 날아드니
새벽달과 새벽이슬은
여명 속으로 사라지네

처량한 구름 속으로
수심 깊은 비가 내려
새로운 봄을 재촉하네
흘러가는 삶이여
부평초처럼 떠다니는
나 또한 무상하구나
돌아가자 나를 기다리는
나의 쉼터로

타향에서

산과 들은 푸르고
갈 길은 멀고 먼데
해는 나무 끝자리에 걸쳐있네
바람은 한 점 없고
풀벌레는 구슬프게 울어도 대니

지금 내 고향 집
밥 짓는 연기는 모락모락
흩어지는 구름 따라 흘러가고
고향의 시냇물은 님 따라 흘러갈 때쯤
돌아선 내 고향은
꿈처럼 멀기만 하네

푸른 초록의 아침

부드럽고 은은한 새벽이슬은
불어오는 향냄새와 지저귀는
새들의 노랫소리와 함께
나즈막이 들려오는
산사의 불경 소리
이른 새벽 대나무 가지
부딪치는 소리에
황혼의 긴 잠에서 깨어나네

한 줌밖에

푸른 하늘에
구름 한 점 없네
혼란한 나의 마음에
온화한 소리는
귀 세워도 들리지 않고
부귀영화가 구름 가듯
나 또한 구름과 같네

세상은 너무 크고
난 너무도 작아
한 줄기 바람에도
날아가네

향수

나무꾼의 나무 찍는 소리에
뭇 새들은 놀라 날고
부엌에 피우는
장작개비 타는 연기는
구름처럼 피어 나부끼네

푸른 하늘에
그린 구름은
그리움의 한恨 남기고
떠도는 연기는
구름 되어 날아드니
옛 추억의
고향의 향수만 더해가네

허상

저기 저 산 소나무는
그 잎은 누레지고
텃밭의 아낙네 콧노래
사라진 지 오래인데
보이는 것 오색 무지개이고
내 눈엔 부연 연기만 보이네

들려오는 소리마다
잡소리는 끝이 없고
인생사 고달픔에 소리쳐도
들어주는 이 하나 없고

무엇을 들어야 하고
그 무엇을 보아야 한단 말인가
준비된 그 사람은 시간만 흘러가고
철모르는 내 아내는
세상사만 늘어 가네

큰 바다 두고

둥지로 돌아오니
해는 고개 넘어 돌아섰고
아무리 아름다운 풍경도
한순간일 뿐
오늘이 가고 나면
다시는 못 돌아올 것을
먼 하늘만 바라보고
재촉했네

앞산 넘어 바다가 있는데
멀리 있는 큰 강만
찾아 큰물고기 바라보다
내 짚신만 너덜거리네

삶의 그늘에서

황하영 시집

강변의 추억

열린 창昶

활짝 열린 창문에
반만 늘어진 발에
살며시 고개 든 화분에
국화꽃 살며시 미소 짙고
조그만 화단에 꽃들 만발하네

배꽃에서 가져온 하얀 그 자체
매화에서 빌린 듯
맑은 향기 배어나니

그대 얼음 같은 몸에서
그대의 백옥 같은 정에
난간에 기대어 이런저런 생각에
조그만 음악 소리에
저녁노을만
저 고개로 넘어가네

그물에 걸린 꽃

머무는 곳 가시나무만 쌓여있고
그 속의 꽃들은 만발하지만
온갖 잡초들이 풍성하네
살아 숨 쉬는 꽃들은 서러움 일뿐
그 누구도 돌보지 않네

그 속의 꽃과 뭇 새들은 즐거워 보이만
가시 풀에 가려 밖으로 나올 줄 모르고
그건 창 없는 옥이요
그물에 걸린 물고기와 같으니
먼 하늘의 구름은
그저 고개만 돌릴 뿐
자기 갈 길만 재촉하네

기다림

꿈을 먹고 자란
나의 여인이여
바다와 맞닿은
그녀의 고향

붉은빛에 물든
조그만 항구에서
난 그대를 기다림에
노을빛 저 너머
그녀는 떠나버리고
난 그날의 바다처럼
흐느끼면 그녀를 기다리네

석양은 물들어가고
그리움을 간직한 체
아련한 옛 추억에
해 저무는
노을에 묻어가네

노을빛 저 너머

갈바람의 갯 냄새와
거친 파도의 사랑으로
바다의 꿈을 먹고 자란
바다가 삶이고 고향인
나의 사랑 나의 님이여

노을빛 저 너머
떠나 버린 내 님의
조그만 포구는

그날의 바다처럼
내 님 기다림에
석양은 물들어가고
그리움을 간직한 채

오늘도 점점 멀어져 가는
포구만 바라보며
오늘도 내 님 그리움에
뒤돌아서 먼 하늘 쳐다보네

달빛

한잔 두 잔에 흥취는 더해가고
그 속에 해도 저물어가네
계곡의 물소리도
나의 목에 넘어가네

안적사 종소리
냇물 따라 흘러가니
무슨 근심에 연등을 아니 볼까

그대의 마음에
밝은 달 뿐인데
밝은 달은
다른 곳을 비추네

뜬구름의 세월

길 떠난 후 삶에 지쳐
그대 소식 전할 길이 없었고
그리운 그대 검은 머리
그리움에 백발이 되었네

꿈속에 고향으로 돌아가
그리운 그대에게 이르니
이별의 날들이
너무도 긴 날들이
그대를 잊게 하고
허망의 긴 세월만
나를 멍들게 하였네

헤어진 그대를
끝내 만나지 못하였고
그대 있는 그곳엔
할미꽃 만발하네

먹구름 같은 사랑

먹구름으로 흐려지는 것
저 하늘일까
꿈일까요
조금씩 잊어가는 그대일까요
내리는 빗방울 때문일까
참을 수 없는 나의 눈물인가

서로의 다른 공간에서
우리는 서로 바라보고 있건만
그리움의 지난날은
조용히 맞이할 수밖에
그리움으로 얼마나 슬퍼해야 하는가

그대 사랑함을 깨달아야만 하였기에
그대와 작별의 인사도 할 수 없어
텅 빈 마음으로 남겨둘까나
서로를 위해 남겨둘까요
그대가 남긴 아픔으로 남겨둘까요

그대와 나를 위해
빗물은 바람 따라 흘러가고
잊을 수 없는 빗물은 그리움으로
물안개 되었네

먼바다의 기다림

바다의 꿈을 먹고 자란
나의 임이여
바다와 맞닿은 임의 고향
붉은빛 물든 조그만 항구에서
임을 기다리네

노을빛 저 너머 그녀는 가버리고
그날의 바다처럼 흐느끼면
붉은 석양을 원망하며
임을 기다리네

오늘도 그날처럼 붉은 석양은
그리움을 간직한 채 물들고
난 한없는 그리움에
먼바다만 바라보네

반딧불

별처럼 밤하늘을 누비고
꽃인 듯 나뭇가지에 피웠구나

타오르는 불꽃처럼 피어오르고
반짝이는 구슬처럼 아름다워

그대를 만나 빛을 발하니
어찌 그 삶이 가벼우랴

비가 내리네

나의 작은 가슴에
비가 내리네
그대 떠난 마음에
눈물 같은 비가 내리네
뒤돌아선 그대의 모습에
비가 내리네

외로운 나의 마음에
비가 내리네
어두운 고독만이
한없이 지세며
나의 가슴속에
한없이 비만 내리네

빗속으로

그대의 장맛비가
요란한 소리와 함께
나를 여기에
가두어 버리네요

그대의 냉정함이
나의 마음을 아프게 하고
큰소리의 빗소리는
무정한 그대 마음이기에
내리는 빗소리는
나의 가슴속 깊이
세차게 내리치네

폭우 속에 떠나버린
그대의 뒷모습
비어버린 나의 마음
빗속에 사라져가네

사변

사변이 좋아
풍경은 익숙하고
여름이면 바닷물이 쪽빛처럼
푸른 에메랄드빛의
바다가 그립네

사변 하면
그 바다 빛이 생각나네
그 바다 태양 아래
산호의 백사장을 찾고
그 위에 누어 파도를 보니
언제나 다시 가 볼까
우도 하면 사변이라네

그곳의 술은
가을날의 땅콩을 주고
파도의 춤은
술 취한 꽃 같으니
그곳의 사변이라네

여름 풍광

해는 길어지고 햇빛은
고개 넘어가길 더디기만 하고
냇가에 초목만 무성하니
여인네 옷차림은 짧기만하네

공원의 나뭇가지 축 늘어진
보이지 않은 매미 소리가
귀청을 소란 수렵게 하고
늘어진 정자 그림자는
간 곳이 없고
목마른 용소 배는
늘어져 누워있네

이른 아침에 길을 걸으며

내가 사랑하는 이와
나는 꿈을 꾸며
달콤했던 추억들의 속삭임은
지난날의 여름날이 피어오르고
나무들은 자태를 더해가고
푸른 하늘은 높고도 높네
저 멀리
밀려오는 파도가
해안으로 들어올 때쯤
새벽의 여명이 다가오네

인생

산은 푸르고
길은 멀고 먼데
석양은 붉게 물들어
바람은 저 산 넘어
가버려 돌아 갈길 없고
야심한 풀벌레
목청 도와 울어대고
하늘에 구름 한 점 없네

조그만 시골집에
울 할멈 기침 소리
천릿길 마다하고
물 길어온 나의 이마에
땀은 비 오듯 내리지만
조그만 항아리
아무리 퍼부어도
가득 차길 바라지만
빈 물지게 들쳐 매고
또다시 물질 가네

자화 자찬

국화꽃이 모란을 만날 때
국화는 아름답고
단아할 뿐 아니라 온화하니
부귀한 모란은 자신만
과시하네

들에 핀 민들레
그 향은 좋으나
꽃씨 되어 날아들 때
바람 따라 날아가니
다시 꽃이 되길 수많은
시간 속에 울고 웃고
다시 피네

장안의 연꽃

흰 백의 연꽃은
도도하게 피어있고
향기로운 꽃은
물에서 태어났네

연못 가득한 연꽃을
따다 보니
티끌 한 점 묻지 않았네

저물녘 물결은
소리 없이 흘러가고
연꽃은 물결 따라 춤을 추며

작은 호수의 물결은
달을 따라 흘러가고
뒤따른 물결은
별과 함께 오는구나

저 산은 아는지

봉대산 옛 봉화는
그 흔적만 남겨두고
산봉우리 걸쳐있는
저 달은 그 빛만 발하네

저 산의 소나무는 푸르게 엮여 있고
허접한 기와집 대나무 잎들은
이리저리 춤을 추고

조그만 오솔길에 이름 모를
풀들은 하얀 옷 갈아입고
모나게 떨쳐 나온 단풍잎 하나가
겨울의 찬바람에 날아간다

허무한 나의 마음 그대 마음 잡지 못해
이리, 저리 날아드는 나뭇잎처럼
내 마음도 어이할까
이내 마음을

향연

연못 가득 핀 연꽃
나뭇잎 사이로 청개구리
동에 폴짝 서쪽으로 폴짝
연잎을 따며 노네
강남은 연꽃의 절정이라네

서쪽을 주유하다 보니
마을마다 기쁨이 넘치네
꽃송이 흔들리고
버드나무 춤을 추고
새들은 구름과 춤을 추며
무 새들은 바람과 노래하네
넘치는 기쁨에 마을마다 흥이 나네
남의 등줄 타는지 모르고

허무의 기슭으로

저 허무의 기슭으로
나는 가네
이 자유로운 영혼 강물로 흘러
내 들꽃으로 피어 바람에 흩날려도
아무도 오지 않는 길모퉁이
부연 먼지 되어 휘날리네
저문 서편 하늘 끝까지
연기되어 훠이 날아가네

외쳐 부르던 기쁨은 간 곳 없고
다시 혼자가 되어 나는 가네

새벽은 찾아오리니 불멸의 태양으로
덧없는 방랑의 별이 뜨고
또 사라져 갈 뿐
먼 지평에 빛을 발하면
염원念願의 새가 울면
저 하늘로 간다

추억의 계절

가을 낙엽

조그만 냇가에
떠내려오는 낙엽을 보며
지난가을 그녀의 모습엔

그녀의 두 눈가에
눈물이 고일 때
떨어지는 폭포수와 같아서
난 그만 눈을 감아버리고

나의 가슴엔
깊어만 가는 가을이
너무도 마음이 아파져 옵니다

그녀가 떠난
그날 나의 가슴은
가을비만 하염없이 내렸고

나의 마음은
가을바람이었습니다
그녀는 떨어지는 낙엽이었습니다

가을

저녁노을 붉게 물들고
알록달록 붉은 옷 갈아입은
저 산을 바라볼 적

내 어머니 머리에
백설만 늘어 나시고

이 산 저 산 옷 갈아입을 적
이내 마음은 멍에만 늘어나네

여기저기 모인 낭인
무엇 그리 좋은지
웃음꽃이 만발이고

허리춤을 다 조여도
허기진 내 주머니
배고파 노래하니

내 아내 내 자식은
먼 산 바라보며
긴 한숨만 내어 쉬네

가을이 묻어왔습니다

새벽에 몰래 내린 빗물에
가을이 묻어왔습니다
신선한 갯내음 따라
가을이 묻어왔습니다

숨소리조차 묻어버린
한여름의 띠앗 빛
몸과 마음에 상처만
만들어 버린 장맛비는
저 멀리 가버리고

긴 여름날의 못다 한
이야기는 묻어버리고
밤이며 쉬지도 않고
울어대는 귀뚜라미 소리도
가을이 왔음을 알리네

낙엽 따라가다 보니

낙엽이 냇물 따라 흘러서
물가에 걸터앉고
밝은 달이 높게 떠오르면
물길 따라 멀리 비추네
달빛은 이르지 못할 곳이 없네

개천은 들판을 감고 돌아 흐르고
달빛 내린 들판은 황금빛으로
하늘에서 서리가 내리네
하늘은 티끌없이 밝고
둥근달만 외롭게 떠 있네

어느 누가 개천에 비친 달을 보았고
그달은 언제부터 비췄을까
인생은 여러 해 이어가지만
개천은 누구와 만나는 것일까
그대의 시간은 끝이 있어도
아쉬움은 끝이 없네

내 마음의 빗물 되어

간밤에 울어대던 가을비는
나의 마음에 한恨이 되어 내리네
꿈속에 찾아온 내 님의 눈물일까

몇 수년 흘린
나의 눈물과 합이 되어
강물을 이루고
말없이 먼 바다로 흘러가네

내리는 빗물을 맞으며
옛길 따라 걸어보지만
나의 가슴에
멍에만 남긴 채 눈물 되어
쌓여만 가네

떠난 님

수령산 뒤로 두고
굽이굽이 옛길 따라
내 님은 떠나가고
홀아비 되어버린
나는 어이 살라 할꼬

어린 자식 남겨두고
말없이 떠나버린 님이여
홀어미 눈물 훔쳐
하늘만 바라보고
말없이 흘러가는
저 구름이 나와 같네

쓰러져 가는 저 나무도
나와 같으니
한없이 내리는 눈물
내 어이 참으리오

소리죽여 밀려오는
저 파도며 짝 잃은 외 갈매기
힘없이 날갯짓하며
외로이 날아가니
눈물이 아니 날 수가 있는가
나의 님아

백지에 불어오는 바람

백지 문에 부딪히는 바람에
꽃잎은 춤을 추고
그윽한 정 그대에게 속삭일까
텅 빈 내 마음에
어둠만 짙어지네

깊은 가을 연지 씻은 국화여
섬돌 위에 얼음 같은 그대여
담담한 꽃은 더욱 요염하고
근심 속에 세월의 흔적 어리네

산성 나들이

산허리에 핀 꽃들은
이슬 머금은 꽃과 같네
나무 사이의 빛들은
보이지 않는 곳까지
그 따스함을 스며들게 하고
꽃들은 피었다 시들어
스쳐 지나가는 살랑바람의
친구 되어 스쳐 지나고

집 떠난 새들은
그 숲에 기거하고
눈앞의 풍광은 아름다우나
오직 집을 향한 그리움뿐이네
밤이슬은 꽃향기 머금고
새벽의 연못 위에 누워있네

세월

꽃잎이 하나둘 떨어지고
하늬바람에 시샘이라도 하는 듯
어지럽게 날리는 빗방울이
마음을 흩트려 놓아

그대의 만남을 잊을 수 없어
눈물만이 세월의 숙명이라면
추억으로 간직한 채
그대의 진실을 되새기며
나의 길을 가리라

차가운 비바람에
무성한 세월은 시들고
대지의 색은 변해만 가니
한번 지나간 세월은
돌아오질 않기에
나의 길을 가리다

옛길

지난날 거닐던 옛길은
버들가지 하늘거렸는데
오늘 내가 걸어가는 이 길은
은행잎 날리는구나
가는 길은 더디긴 하였지만
길가는 시원한 매미 소리에
지칠 줄 몰랐건만
빠르긴 하지만
삭막하기 그지없네

빠른 길도 좋지만
목마르고 허기져라
내 마음 고달프고
쓸쓸하거늘
그 아무도 알지 못하네

타향살이

갈바람이 서러워
밤새도록 잠 못 이루고
쓸쓸한 방 한구석 앉아
외로움만이 벗이로다

그리운 고향 목전인데
남쪽 하늘엔
기러기조차 보이질 않고
먼 하늘에
구름만이 홀로 가네

하늬바람

하늬바람이 살랑이니
들길에 핀 민들레 꽃씨는
너울너울 춤을 추네

따스한 햇볕에 우리네 강아지들은
저절로 눈꺼풀이 내려가니
이 계절은 너도나도 졸음이 찾아들고
짧은 하품에 봄날도 지나가네

향기와 사랑을 가득 주고
하늬바람도 흰 구름 타고
콧노래 부르면 손을 흔들며
아쉬워하네

추억의 계절

철 따라 변하는 계절
무엇이 서러운가요
다가올 계절을 맞이하면 될 것을
가시는 풍광은
아름답지만
다가올 풍경은
어이 맞이할 것인가
지나온 계절은 추억이요
다시 올 계절은 사랑입니다

그리움 꽃잎 되어

얼마나 그리움인가
피지 못할 꽃봉오리 되어
먼 산만 바라보다
시들어 버리는가

얼마나 그리움이면
떠난 임 기다림인가
피어보지도 못한 채
시들어 버리는가

한 많은 미련만 남겨두고
저 길 따라 먼발치만
그리움에 눈물짓는다
지쳐버린 매정한
나의 사랑아

한 세월

바람이 불어와 꽃들은
춤을 추며 떨어지는데
그대를 위한 삶은
그 누가 그려줄까
달빛 아래 외로운 그림자
눈물로 세월을 적시고

흐르는 세월도
행복의 삶을 허락지 않아
쫓기듯 세월을 살다 보니
너무 많은 정 남겨두고
쏟아지는 빗줄기에
그대는 지금 어디로 서성이나
하늘은 다정하고 무정하기에
그대의 발자취만 남겼네

애정의 세월

10월의 하늘엔
나의 꿈은 없는데
그대 또한 없구나
피할 수 없는 정이라 없고
사랑은 영원한 것이라
생각지 마라

애증을 가슴에 새겨
무엇 하리
사랑은 순간일 뿐
덧없이 사라질 뿐
옛사랑은
바람 따라 흩어지네

잊어버린 추억

나는 매번 찾는다
그러나 금세 잊어버리네
그리곤 또 찾으며
그렇게 소중하면서
금세 잊어버리고

그다지 소중한 것이
아닐 것인지
아닌 세월의 무성함인지
있어도 그만
없어도 그만인 추억들
그러나 꿈속에서나
길을 헤매면서
무엇인가 찾아 나서네

붉은팥과 콩대의 삶

붉은팥을 삶아 국을 끓이고
국을 걸러 단죽을 받네
콩대는 솥 아래서 타고
콩은 솥 안에서 울고 있구나
본디 한 뿌리에서 났는데
어찌하여 제각각인가

삶의 내용이 다른가
붉은팥은 가마솥에서 울고
콩대는 화로 속에서
속을 태우네
저 밖에 흩어진 콩들은
시간만 재촉하네

적막

꽃잎 끝에 매달려 있는
작은 이슬방울들
빗줄기 이들을 찾아와서
어디로 데려갈까

바람아 너는 알고 있니
비야 네가 알고 있나
무엇이 이 숲속에서
이들을 데려갈까

엄마 잃고 갈 곳도 없는
가엾은 작은 새는
바람이 거세게 불어오면
어디로 가야 하나

바람아 너는 알고 있는가
비야 네가 알고 있고
무엇이 이 숲 속에서
이들을 되려고 갈까

모두가 사라진 숲에는
삭막함만 남아 있네
때가 되면 이들도 사라져
고요만이 남겠네
무엇이 이 숲속에서
어디로 데려갈까나
바람이여 구름이여
나를 반기는 그곳으로

삶의 그늘에서

황하영 시집

사랑과 바람

바람에게

먼 하늘의 구름은 한창인데
내 고향은 아득하고
고향 떠난 천릿길
고향 동쪽 길은 기약 없고
해가 솟고 달이 차니
눈물은 옷소매 적시는구나

어쩌다 만난 그림자
길 위에 만나 지필 목이 없으니
소식을 전할 길 없어
지나가는 바람에
평안하더라고
안부 전해주오

그대 정 남겨두고

해질녘 반딧불 빈들 채우고
옛정은 안개처럼 피어오르네
그대 마음을 훔친걸
후회한다고 했던가

빈 마음의 소리는
은은하게 들리는데
처마 끝자락에
가랑비 소리 없이 내리고

지나온 세월의
흙먼지 자국이여
가득 넘친 정 속에 담고
따뜻한 봄소식에
내 님 소식 손꼽아 기다리네

님에게

별들이 반짝이는 밤
내 마음속에 감추어진
어둠을 느끼는 눈으로
가을날을 보십시오
언덕의 그림자와 나무
그리고 당신을 그려봅니다

흰 눈이 덮인 겨울의 싸늘함으로
당신의 모습을 그려봅니다
당신이 무엇을 말하려 했는지
이제 알 것 같습니다

당신의 마음이 얼마나 고통을 받았는지
또 얼마나 자유로워지려 했는지를
사람들은 알지도 듣지도 못했지만
언젠가는 알게 되겠지요

별들이 반짝이는 밤
찬란한 꽃들과
자줏빛 안개에 휩싸인 구름은
푸른 바다에 반사되어
그 빛이 변했어요

아침 벌판의 고통과
비, 바람에 시달린 얼굴들은
당신의 정다운 마음으로 위로받지요

그대는 떠나가고

우거진 잡풀은 황량하고
앙상한 나뭇가지는 외로워라
차가운 서리 내린 날
그대는 떠나가고
바람아 불어 내 마음 전해 다오

온 세상에 그대와 난
사랑한 마음 숨길 곳 없네
붉은 노을 고갯마루 멈출 때
구름과 바람이 친구 되어
우리는 사랑을 두고
늙어만 가네

하늘을 향해 외치고 싶네
난 당신을 사랑하노라고
이 세상이 끝날 때까지
난 그대를 놓지 않겠다고

그대의 자태

겨울 한기는 창문을 두드리고
달무리의 구름은 흐르는데
얕게 고인 얼음이 반짝이며
그 자태를 자랑하네

짙은 그대 분 내음에도
그대의 아름다운 자태에
부끄러움에 눈을 돌리고

여리고 하얀 얼굴에
두껍게 싸맸어도
씽긋 웃는 그대 고운 미소
북풍에 실려 가니
꽃들도 부끄러워 떨어지는구나

님의 향연

이른 아침에 길을 걸으며
나는 꿈에서 깨어나네
달콤했던 그 시절의 추억을

하얀 안개비는
이슬 되어 사라지고
이름 모를 풀잎은
먼 하늘 쳐다보며 귀를 세우고

앙상한 나무들은
흰옷으로 갈아입고
푸른 하늘은 높고도 높네

저 멀리서
밀려오는 파도는
갯바위 부딪칠 때

나의 임은
먼바다로 길을 잡고
흥겹게 넘실거리는 파도는
춤을 추네
임도 저 바다로 향하네

기다림

난 봄이 오기를 기다립니다
아직도 나의 마음속에는
움츠리고 있는 겨울이기에
난 봄을 기다립니다
그대의 기다림 때문에
봄이 오질 않습니다

나의 봄은 아직 저만치만
4월의 눈을 가진 그녀의 기다림에
아직 봄은 찾아오질 않았습니다
아직도 모진 바람과 눈보라 속에서
난 봄을 기다립니다

만남에 대한 기다림

우리의 조그만 언덕 집에서
솜털처럼 부드러운
하냔 눈이 내리는 날
당신은 내 곁을 떠났죠

그런 겨울이 가고
또 여러 계절이 가고
또 해가 지나가고 있습니다
당신 제게로 돌아온다고 약속했지요
진정 난 당신을 위해 기다립니다

당신이 봄날의 따스함을 보신다면
그 봄날의 화려함에 신께서도
그대에게 축복을 내려 주시겠지요
당신이 제 곁에서 머물러 주신다면
난 당신 위해 초라한 집이라도
당신 위해 기다릴게요

무언의 기다림

무언의 기다림 속에
다가올 줄 모르는 내 사랑을 위해
불 꺼진 창에 서성이지 마세요

기다림의 옛사랑은
수령산 옛길로
차가운 바람과 긴 밤처럼

기다림의 세월은 용수의
물길 따라 흘러 가버리고
흘러간 그 끝자리에서
난 임을 기다리네

무심한 등대마저
그저 눈만 껌벅이고
밀려드는 파도 소리는
한없이 왔다 가건만
내 임 소식이 없네

겨울비의 이별

하얀 흰 눈은 한번도 찾지 않고
새봄이 왔네요

사랑의 계절은
나의 삶의 시작을 알리고
차디찬 그리운 임은
겨울비를 타고
저멀리 가버리고

새싹은 아픔의
계절을 잊어 벼리고
하나 둘 피어나기 시작할 무렵
한 계절에 피어난 이 몸은
가시려니 가슴이 아픕니다

그리운 임은
이별도 고하지 않은 채
저 멀리 가버리고
이내 마음에 한限만 남긴 채
저~ 멀리

사랑과 바람

여자의 사랑은 바람이고
남자의 사랑은 불이요
바람이 세면 불은 약하고
바람이 약하니 불은 세지니
그대는 바람이요
난 모닥불이네

사랑의 화로가 식으니
취기도 달아나고
그리운 향기는 아득하고
근심을 풀어주는 이 없으니
한없는 시름은 깊어만 가네
하늬바람이여

새벽이슬

찬 이슬 맞으며 일어나니
대추 열매는 떨어져
앙상한 나뭇가지만 떨고 있네
황혼의 겨울바람은 매섭고
불 켜진 그대의 창문은
꽃장식 커튼 낮게 펼쳐있네

그리운 철새는 날아들지 않으니
나의 마음은 그리움만 쌓이는구나
그대 그리움으로
민 하늘만 쳐다보지만
그리운 그대 소식 없고
자욱한 안개비만 내리네

어느 겨울날

온 누리는 겨울빛
백색으로 갈아입고
아무도 찾는이 없는
한적한 바닷길을 홀로 걷고 있네

지금 그대가 있었다면
홀로 외로이 걷지를 않을 이 길
몸과 마음이 추운 겨울날

앙상한 나뭇가지가
백색의 옷을 입을 적에
이 길을 걷고 있네

찬 서리

내 집 마당 비친 흰 달빛
나무 위 고개 숙인 까마귀
찬 이슬 소리 없이
금불초 꽃잎을 적시네

이 밤에 저 달을
보는 이도 많겠지
이 가을 그 누가
그리움에 젖어 있는지

갈바람 불어오니
여기저기 길 따라
떠나는 이 북적이고
잡초는 무성한데
어딜 그리 가시는지

찬 서리 내릴 적
온 누리 빤짝이지만
그리운 임 오실 적
찬 서리 사라지네

슬픈 바람

사랑은 높새바람이어라
그대는 노닐다 지나가는
계절인가요

마루는 구름 한 점 보이지 않은데
이 계절의 비와 같으니
머물다 가는 그대는
집 잊은 철새처럼
그 어디로 가시나요

잔잔한 나의 마음에
물결 되어 떠나 버린 그대
찬바람에 휩싸여
갈길 잃고 헤매는
그대는 바람이어라

옛 생각

끝맺지 못한
지난 일들의 이야기는
그 얼마였던가
좋고 좋은 날도 있게 마련이나
그리움만은 그치지 않으니

첫사랑은 현재의 굴레를
벗어 던지게 하고
고개 돌려 옛 꿈들과
힘이 든 인연을 떠올리니
난간에 기대어
먼 하늘바라보며 눈물 짓는다

옛 생각에

죽 섬 아래 물안개
섬 전체를 안고
푸른 솔 아래 풀들은
언제나 시들려나
눈물 어린 근심에
애간장이 끊어지질 않으니
그대 정 시들어가고
바다에 비친 달은 어두워지네

예전에 사랑 병에
술을 먹었건만
지금 옛정은 멀리 가니
오늘은 술이 남을까
걱정하네

외면

자신이 잘못한 점을
자기 자신이 알면
그 죄가 무엇이던
자신을 보호하는 것처럼 보일지라도

남들이 그것을 안다는 것은
자기 자신을 기만하는 것이다
그 죄는 사死하지 않을 것이며
그도 저도 하지 않은 것은
모두를 기만하는 것이니
그 죗값은 받아야 하고

그도 않는 것은
죽을 때까지 잘못됨 모르면
사후에서도 죄를 면하기
어려울 것이다
우리의 인생사에서는
아직도 죄를 인정하지
않은 이가 많다

우리 헤어질 때

그대를 그리워할 때면
많은 추억이 생각납니다
남몰래 만나던 우리
그대의 손은 차가웠고
그 순간은 그대가
사랑스러웠을까요

그러나 그대와 마지막
만남은
차마 안녕이라 하지도
못하고 머뭇 거렸죠

마술에 걸린 듯한
모든 것은 사랑이
그대와 난 그대로
사랑을 겪고 있어요

난 그대를 사랑했노라고
안녕 아닌
안녕이라고 말하고 싶어요
인생은 파도와 같습니다

고독한 고백

매일 밤 나의 꿈속에서는
난 당신을 보고
당신을 느끼고 있습니다
당신의 그림자는
저 건너 바다와 섬
사이에 우리가 있습니다

당신은 살며시 고개를 내밀고
당신이 멀어져 가는 것을 보고
사랑은 처음부터 마지막 인생까지
우리를 느낄 수 있으니
그리고 우리를 외면할 수 없습니다

나와 당신이 사랑했을 때
진실의 시간이 나을 잡을 것입니다
우리는 이 시간에서 영원히 있을 것이고
당신은 내 마음을 잡을 것 있습니다
당신과 나는 함께 할 것입니다

꿈길

그대만이

어두운 땅거미 내려앉아
온 누리가 깜깜하여도
별님만 밝게 빛나도
난 그대만 있어도
두렵지 않습니다

무수한 비, 바람이 불어와
검은 장막이
우리를 덮을지라도
그대만이 곁에 있어 준다면
어두운 악마가 다가와도
난 외롭지 않아요

난 그대만이 전부입니다
그대는 나의 마음의 창입니다
그대는 나의 등대입니다

까마귀 소리

까마귀가 서글프게
울어대니
뒤돌아 가라 소리 같네
까마귀는 정이 많은 새다

온 세상은 등 떠미는
사람이 많아
무엇인가 알려주어도
알아 듣질 못해
그저 까마귀에게
고개만 까닥이네

그리움 눈물 그리고 사랑

그리움이라 했다
기억해 내지 않아도
누군가가 눈앞을 어른대는 것이
그래서 내가 그 사람 때문에
아무 일도 하지 못하는 것이
그리움이라 했다

눈물이라 했다
누군가를 그려보는 순간
얼굴을 타고
흘러내리던 눈물이
사랑이라 했다
눈물과 그리움만으로
밤을 지새우는 것이
그래서 날마다 시뻘건 눈을
비비며 일어나야 하는 것이
사랑이라 했다

몹쓸 병이라 했다
사랑이란
방금 배웅하고 돌아와서도
그를 보고프게 만드는
참을성 없는 것을 사랑이라 했다
그래서 사랑이란 것은
그 한 사람을
애타게 기다리게 만드는
몹쓸 병이라 했다

행복이라 했다
누군가를 그리워하고
그 이름을 불러보고
또 눈물짓고
설레는 것이
그래서 순간순간 누군가를
간절히 소망하고 있다는 것이
살아있다는 행복이라 했다

꿈길

끝없는 길에 짙은 안개
어디로 향하는 것일까요
꽃잎이 떨어지는 길
그 길은 끝이 없네

따스한 그대 그리는 꿈
그대 가슴처럼 아득하고
그대가 슬퍼하면
저 구름도 따라 슬퍼하고
꿈속의 그 길도 슬퍼하네

바람이 이 마음을
안다면 꿈속으로
나를 데려다주오
그대 머무는 곳으로

나 이제 돌아가리다

나 이제 돌아 가리다
옛 추억의 오솔길로
떨리는 이 마음은 감추고
눈, 귀 닫아 두고
뒤돌아보지 말고
나 이제 돌아가리다

장마 빗 내린 뒤
무지개 보듯이
너와 나 옛 추억
묻어 버린 채
수령산 옛길 따라
나 이제 돌아가리다

나의 여인이여

저편 달음산 넘어
달이 질 때
동해의 푸른 바다에는
동이 트는구나

사랑 빛이 감도는
그녀의 빛난 눈동자에는
근심 어린 빛으로
달님이여 편히 가세요
이별을 고하고
안녕이란 말도 전하지 못하고
눈빛으로 전하다
달님이여 나를 잊지 마세요

내 님의 눈에 비치던 그달은
아침 비칠 때 어디로 갈까나
검은 구름 위로 이리저리 퍼질까
무지개 동산 쉬고 계시나요

나의 달님 같은 여인이여
나를 잊지 마세요
저 달은 다시 떠오른다는 것을
나의 님 나의 달님이여

미로 여행

매일 밤 나의 꿈에 난 당신을 보고
그리고 당신을 느끼고 있습니다
당신이 어떻게 살고 있는지
알 수가 있습니다

저 멀리 산과 바다 사이에
우리가 있습니다
당신이 이리저리 서성이는
모습을 볼 수가 있어요

사랑은 처음부터
마지막 인생까지
우리의 사랑을 알 수 있으니
그리고 우리를 피할 수 없습니다
나와 당신이 사랑했을 때
진실 된 시간에
나는 당신을 잡을 수 없습니다

나의 인생은
당신과 함께 항상 사랑을
위해 움직이는 것입니다
당신은 그곳에 있고
그곳에 두려움이 없다는 것을
그리고 난 마음이 움직일 수 있다는 것을

우리는 이 길에서 영원히 있을 것이고
당신이 내 마음을 지키고 있다는 것을
그리고 내 마음이
당신이 있는 곳으로
먼 여행을 할 것입니다

민民은

잘못된 제왕帝王은
민의 눈에 눈물을 보이하고
그 밑의 신하臣下는 민民을 헐벗게 하고
그 밑의 관리官吏는 나라를 망친다

그 속의 관리關吏 는 지방을 멍들게 하고
그 속에 민民은 고달픈 삶을 영명하고
잘못된 민民은 마냥 굴복하면 원망만 한다

바다 사나이

우리가 만나면 우정을 다짐하고
차를 마시며 세상을 논하네
의기를 투합하여 바다를 아우르고
사념 속에 노을이 물들어가네

거친 파도 그 모습은 기세가 등등하고
험한 바다 지키니 만세의 칭송 받네
용사의 용명함은 바다와 같고
용사의 강력함은 함선에 버금가네
물에서는 무적의 배가 뜨고
땅에서는 함성 울리며
뜨거운 눈물로 뭉쳐지며

한 송이 들꽃처럼 화려함에
우정은 밤하늘의 별처럼 빛이 나고
그 우정은 밝은 빛을 뿌리네
우정은 색깔 없는 술처럼 맑고
우정은 벽이 없는 내 집과 같네

바람개비

6개 바람개비는
오늘도 제각기 돌아가네
바람이 자주 드는 곳과
돌담길에 숨은 바람에
몸을 감춘 바람개비
악령의 심신일까
돌아누운 바람개비

곳곳에 늘어선 바람개비
바람이 불어올 때면 돌아가는
바람개비는 제각각에 돌아가네
봄바람은 여기저기 불어오는데
바람개비 돌질 않네
아니 제각각 돌아가네

바람이 되어

그대의 창가에
아름다운 꽃으로
치장하였건만
나와는 인연이 없네
그대가 각박하여도

아름드리 휘장 속
나의 정은 깊었건만
흰 구름 되어 떠나가 버려
난 바람 되어
그대 따르리

바람이었나

비, 바람에 지친 몸은
갈 길에 막혀
허름한 선술집에
이 한 몸 위탁하네

술과 조금의 안주에
주흥酒興에 취하네
첫 잔은 멀어진 마음에 달래고
두 번째 잔은 지나온 세월에 취하니
다음의 잔에 취기가 오르니
그리움과 외로움에 취할 때
어느새 비가 그치네

삶의 시간

그대와 난 긴 세월을 함께 했었네
긴 눈물과 웃음 속에
긴 세월 속 원망과 희망 속에
슬픔 속에 새 삶을 지새우며
그러나 너와 난 친구라네

서로의 진실과 사랑 속에서
잊지 말아야 할 세월을
너무도 쉽사리 잊어버리고
너무도 성급하게
이내 후해도 하면서
긴 세월의 삶을 지새우네

그대여
푸른 산이 남아 있는데
땔감 나무가 웬 걱정인가
아직 긴 시간이 남았는데

스쳐 지나간 친구

그대가 스쳐 지나가면
하늘과 구름이 되고
또다시 지나가며
나무와 숲이 생겨났네
그대가 움직일 적마다
없던 것이 생겨나니
그대는 바로 세월이라 삶이지만

그대가 한 번씩 지나갈 적마다
그대는 아무런 일 없는 것처럼
스쳐지나 가버리지만
우리는 고난과 희망을
주었고 기쁨도 주었네
그대는 나그네 일지라도
이 밤이 새고 나면 또다시 찾아주니
그대는 나의 의로운 친구일세

그대들이여

말로만 떠들지 말라
힘이 없으면 무시당하고
아직도 이조, 조선 시대인가
그대들은 아직도 그 시절이 그리운가
말장난할 시기에 남들은 힘을 기르고
우리를 압박하고

그러나 그대들은 입으로
삶을 논하구나
유명인이면 무엇인가
가진 것이 없으면 무시 당한다
민民은 그대의 말장난에 정恨만이 쌓여간다

객잔

세상은 번잡하고
아름다운 만남은 적으니
인생은 짧고 고달파
나만이라도
잠깐의 시간만이라도 즐기리

멋진 선술집이 아닐지라도
아름다운 음악을 들으면
맛좋은 술과 음악을 벗하니
술에 취하고 즐거움에 취하니
잠시나마 세상사 잊어보세

구構

열면 일이 생기네
다물면 조용하다
한번 한 말은 이상한 일이 생겼다
구構 때문에 하지 못할 것도 할 수 있다
그것도 누구의 말이냐 따라서
구構 은 변한다

말을 하느냐
안 하느냐에 따라서
그러나 두 사람은 다물었다
자주도 그 입은 변하고 있다
그 입 때문에 망하거나 멸하였다
아무리 노력해도 그 입 때문에
지금도 그 입들은 거짓을 꾸미고 있다

그대 쉬었다 가세나

한 잔의 술에
그대와 함께하니
근심과 여러 번의 인연도
그대와 함께
마주하는 수만 같지 않구나

백만금과 재물이 있어도
깊은 향의 술보다 못하고
그 아무도 구속도 당하지 않고
공명公明을 버리는구나

그대여
막연히 기다려도
그대의 마음을 잡을 수 없어
한숨만 나니
한 모금의 술로 잠시나마
그 모든 것을 잊고 싶다네

또 한 잔의 술로
구름이 되어
저 하늘에 날고 싶네

그대는 아시나요

그대는 아시나요
구슬프게 울어대는
저 갈매기 소리를
그대는 아시나요

저 파도의 울음소리를
저기 저 갈매기
울음소리는 그대를
떠나버린 내 마음과 같고

저기 저 파도의 몸부림은
그대를 기다리는
나의 마음과 같으니

떠나 버린 내 님이여
난 그대를 못 잊어

짝 잃은 갈매기와
슬퍼 우는 파도와 같이

난 그대를 기다릴 것이요
돌아와 주오
내 님이여

지나버린 세월

시간이 눈부셨던
지난 그 날을 돌려다오
물처럼 흐려버린 그 시간 들
눈물처럼 몰아진 비, 바람이여
남은 긴 시간에서는
우리 하나 되어
사랑을 나눌 수 있기를
짧은 시간에 흘려버린 시간 들

옛사랑이 지금은
흩어지는 비, 바람
휘날리는 낙엽에도
오직 그대와 함께하기를
그대 가슴에 다시 봄이 오길

삶의 그늘에서

인쇄일 2019년 4월 22일
발행일 2019년 4월 25일

지은이 황하영
펴낸이 박철수
펴낸곳 도서출판 해암

등록번호 제325-2001-000007호
주소 부산시 중구 백산길 17 삼성빌딩 702호
전화 051)254-2260, 2261
팩스 051)246-1895
메일 haeambook@daum.net

ISBN 978-89-6649-165-0 03810

값 12,000원